AF313467

JENNY

OU

LE MARIAGE SECRET.

BALLET-PANTOMIME EN TROIS ACTES,

DE LA COMPOSITION DE M. AUMER,

Maître des Ballets de l'Académie royale de Musique ;

REPRÉSENTÉE, POUR LA PREMIÈRE FOIS, A PARIS, SUR LE
THÉATRE DU PANORAMA DRAMATIQUE, LE 2 AVRIL 1823.

PRIX : 50 CENTIMES.

PARIS,

CHEZ J-N. BARBA, LIBRAIRE ;

ÉDITEUR DES ŒUVRES DE MM. PIGAULT-LEBRUN, PICARD,
ET ALEX. DUVAL,

PALAIS-ROYAL, DERRIÈRE LE THÉATRE FRANÇAIS, n°. 51.

1823.

| PERSONNAGES. | ACTEURS. |

JENNY, marié secrètement à John. Mlle. CHÉZA.
FANNY, sa sœur.............. Mlle HYACINTHE.
ARTHUR, seigneur du village.... M. DELALANDE.
GIBBER, vieux militaire, père de
    Jenny...................... M. TAUTIN.
JOHN, militaire, époux de Jenny. M. RENAUZY.
SMITH, militaire, amant de Fanny. M. REINBAUT.
CHARLES, enfant de John et de
    Jenny...................... Mlle. CHARLOTTE.
BETZI, paysanne, marié à Jack.. Mlle. LOUISA.
JACK, paysans niais, son mari... M. BÉGRAND.
UN PAYSAN ECOSSAIS..... M. BERTOLOT.
DEUX PAYSANNES .... Mlles. ADÈLE.
UN PAYSAN................. Mlle. AMBROISINE.
UNE PAYSANNE...... ...... Mlle. St.-CHARLES.
Paysans et Paysannes Ecossais.
Piqueurs.
Chasseurs.
Militaires Ecossais.

La scène se passe dans un village situé près d'Edimbourg,
en Ecosse.

DE L'IMPRIMERIE DE HOCQUET.

JENNY,

BALLET-PANTOMIME EN TROIS ACTES.

ACTE PREMIER.

Le Théâtre représente un Village agréablement situé, entrecoupé de collines et de callées ; à droite, la maison de Cibber, et à gauche une chaumière.

SCENE PREMIERE.

Au lever de la toile, on entend des instrumens qui se répondent dans la vallée ; ce bruit, qui indique l'heure du travail, fait arriver de tous côtés des villageois et villageoises qui se mettent à l'ouvrage sur-le-champ ; les hommes coupent des branches d'arbres, les femmes les ramassent et les placent devant la chaumière. Le chef des villageois indique un autre endroit où il faut se rendre ; alors tous s'éloignent et vont gagner la colline.

SCENE II.

Jenny, qui les a observés, paraît dès qu'ils sont

partis; elle sort de la maison de son père, un panier à la main, et indiquant bien toute la crainte qui la saisit, elle jette de toutes parts ses regards inquiets; et, plus rassurée, elle se décide enfin à porter ses pas vers la chaumière; elle s'efforce de déranger, mais vainement, une branche d'arbre que les paysans ont placée à l'entrée de la grotte qui cache son enfant. John arrive, et de son bras vigoureux il seconde les desirs de Jenny. Plus d'obstacle, un jeune enfant paraît et mêle ses caresses naïves aux baisers du père et de la mère la plus tendre. Mais tout-à-coup, le son du cor annonce dans le lointain une chasse. Les deux époux sont d'abord un peu interdits; leur trouble cesse lorsque la chasse se rapproche. Cependant Cibber sort de chez lui; nouvelle inquiétude... John se jette dans la chaumière, l'enfant se cache en tremblant derrière sa mère.

SCÈNE III.

Cibber, apercevant sa fille, lui fait de loin un signe amical; il l'engage à venir l'embrasser. Comment cachera-t-elle son enfant?... Elle est dans une angoisse cruelle, lorsque son fils, par un instinct aimable et naturel, se blottit sous les branches ramassées devant la chaumière. Jenny, moins troublée, se précipite dans les bras de son père qui lui témoigne la plus vive tendresse ; il espère que sa fille chérie, sa Jenny, ne lui refusera pas de l'accompagner pour jouir ensemble du plaisir de voir passer la chasse. Mais Jenny s'excuse et fait signe à sa sœur de suivre, à sa place, son père.... elle obéit.... Cibber s'éloigne.

SCENE IV.

Quand son père est parti, Jenny court à son enfant qui lève la tête au milieu des feuillages et envoie des baisers à sa mère ; Jenny pleure de plaisir ; John, au comble de la joie, va pour écarter les branches et presser son fils sur son cœur, lorsque la chasse arrive : Jenny reste immobile ; l'enfant se cache de nouveau. John rentre dans la chaumière.

SCENE V.

Arthur paraît avec toute sa suite ; il voit Jenny, admire sa beauté, sa candeur, et donne ordre à sa troupe de s'éloigner.

SCENE VI.

Arthur approche près de Jenny ; elle veut rentrer, mais il la prie de rester. Il lui déclare un amour subit et violent. John, qui observe tout, ne peut plus se contraindre ; il va pour se précipiter sur son rival odieux. Son enfant, les mains jointes, le supplie de se cacher ; il résiste encore ; son enfant pleure ; il cède, et rentre. A ce moment, les chasseurs reviennent annoncer que la chasse va recommencer. Arthur sollicite un regard, Jenny le lui refuse ; il sort avec colère.

SCENE VII.

A peine le seigneur est-il sorti, que John fait un mouvement pour courir sur ses pas ; il résite même à sa femme, à son fils ; mais Charles se jette sur son passage à chaque pas qu'il fait, et lui offre alors une barrière invincible ; il est vaincu ; il s'appaise, et tous trois forment un groupe intéressant, priant le ciel de fléchir un père trop sévère.

SCÈNE VIII.

Fanny, qui a devancé son père, vient annoncer son arrivée. John fuit et l'on cache Charles dans un bosquet de roses. Jenny cherche à se remettre.

SCENE IX.

Cibber, au moment ou John quitte la scène, témoigne à sa fille sa surprise de trouver John en ces lieux, et lui réitère que jamais il n'obtiendra sa main. Jenny semble obéir aux ordres de son père. Cibber, charmé de sa soumission, l'embrasse, et lui annonce que les paysans viennent célébrer sa fête et couronner ses vertus.

SCENE X.

En effet, ils arrivent. Les femmes ouvrent la marche ; l'une d'elles porte une bannière sur laquelle est écrit : A LA PLUS BELLE. Jenny remercie ses compagnes ; ensuite viennent les garçons du village ; l'un porte une deuxième bannière sur laquelle est écrit : A LA PLUS SAGE. Jenny pâlit.... On attribue son trouble à sa joie, et chacun lui remet son bouquet.

Cibbert seul n'a point de fleurs ; il aperçoit le bosquet de roses, et indique qu'il va y aller : nouvel embarras ; lorque Fanny, qui connaît la cause des craintes de sa sœur, court elle-même au bosquet, et, au moment où elle se dispose à cueillir une rose, Charles, à travers les branches, lui en donne une qu'on lui a vu baiser. Cibber l'offre à Jenny qui la met sur son cœur avec ivresse. Cibber la place sur un trône de fleurs ; deux paysannes lui apportent une guirlande ; elle l'accepte, et s'enlace ainsi que son père et sa sœur.

SCENE XI.

John et Smith, suivis de musiciens, arrivent pour célébrer la fête. Ils jouent sur leur harpe l'air favori de leur maîtresse. L'on danse ; la joie devient si générale, qu'on fait danser jusqu'au vieux Cibber.

A ce moment, la chasse revient. Arthur paraît charmé de rencontrer Jenny avec son père ; il dévoile ses sentimens, il demande Jenny en mariage ; le père est flatté de cette proposition. Jenny le dédaigne, et, consultée sur son choix, elle montre John, avec le courage et le délire de l'amour.

SCENE XII.

Arthur et Cibber montrent, l'un le mépris, l'autre de la colère ; Cibber va même jusqu'à vouloir contraindre Jenny à donner sa main à Arthur, lorsque celle-ci court dans les bras de John, en exprimant qu'elle ne pourra jamais se séparer de son amant. Vainement Arthur et Cibber ordonnent à John de s'éloigner : il montre la même volonté que Jenny. A ce moment l'on entend la générale.

SCENE XIII.

Un officier, suivi de soldats, vient annoncer

que l'Ecosse est menacée d'une invasion de la part des Anglais. Consternation. Arthur remet le drapeau entre les mains de John. Tous jurent de le défendre. Jenny arme son époux. Adieux touchans. John demande à Cibber la main de sa fille s'il revient vainqueur. Le père de Jenny dissimule ; les deux époux espèrent, et ils se quittent après de tendres embrassemens. John recommande à Jenny son fils. La troupe défile. Arthur triomphe en voyant partir son rival. Jenny va pour sortir du buisson de roses son fils ; son père la prenant par la main la fait rentrer ; Fanny y court et remet l'enfant dans le caveau ; lorsque son père s'aperçoit qu'elle n'est point près de lui, il détourne la tête au moment où l'enfant est caché ; Fanny feint de ramasser le manteau de sa sœur. Tout le monde rentre.

Fin du premier acte.

ACTE DEUXIÈME.

Même décoration.

SCENE PREMIERE.

Une noce villageoise descend de la montagne ;
elle sort de chez le seigneur ; il les accompagne
jusqu'au bas de la colline, les paysans s'éloignent.
Charles, qui a entendu des instrumens, sort et va
pour courir vers la montagne, lorsque sa mère
l'aperçoit et lui fait signe de rentrer ; Charles
court vers le bosquet de roses ; Arthur le voit et
le prend dans ses bras.

SCENE II.

A ce moment, Jenny sort de chez son père ;
elle est troublée, apercevant son fils sur les genoux
d'Arthur. L'enfant, qui reconnait sa mère, lui
tend ses petites mains. Jenny vole à lui, elle n'ose
fixer le seigneur, mais bientôt elle reprend ses
sens, et témoigne de la curiosité, en demandant
quel est ce joli enfant. Arthur lui répond qu'il
vient de le découvrir se cachant dans cet endroit;
Jenny feint d'être surprise. Le seigneur dit que

cette circonstance cache sans doute un mystère, et , en voyant les caresses que Charles donne à sa mère, il en paraît surpris. Jenny s'en aperçoit, et lui fait entendre que sans doute son sexe inspire à l'enfant cette confiance. Le seigneur veut l'emmener au château jusqu'à ce que l'on vienne le réclamer. Jenny cache sa frayeur, elle prie Arthur de le lui confier ; le seigneur refuse, mais Jenny emploie tous les moyens pour l'obtenir : à chaque instant elle est prête à se trahir. Arthur , que les vifs regards de Jenny étonnent avec raison, reste un moment dans la situation d'un homme qui cherche à deviner ce qui se passe autour de lui ; il fixe Jenny ; pendant ce temps, Charles envoie des baisers à sa mère. Il fixe Charles, et Jenny lui fait signe de se contenir Arthur veut emmener l'enfant ; Jenny fait des instances pour qu'on le remette entre ses mains ; Arthur paraît y consentir; il laisse aller l'enfant. Charles court se jeter dans les bras de sa mère. Jenny s'observe, mais l'enfant se trahit par une tendresse immodérée. Alors les soupçons d'Arthur augmentent. Il reste immobile, il devient inquiet, ses traits peignent bientôt la douleur, et même il est prêt à rentrer chez Cibber pour lui faire part de ses soupçons, lorsque de toutes parts des pelotons d'Anglais et d'Ecossais arrivent.

SCENE III.

Arthur, à cet instant, prend Jenny dans ses bras et veut la faire rentrer. Elle feint d'obéir, et reste sur le seuil de la porte jusqu'à l'instant où le seigneur est parti. Sitôt qu'elle l'a vu s'éloigner et courir avec plusieurs de ses gens vers la montagne, elle prend son fils dans ses bras, et va le mettre dans la chaumière.

SCENE IV.

Les Ecossais, après une vigoureuse résistance, sont obligés de fuir ; ils sont poursuivis par les ennemis : bientôt la déroute devient générale.

SCENE V.

Un soldat apporte une lettre pour Fanny. Jenny redescend de la chaumière. Cibber et Fanny sortent effrayés. Le soldat demande quelle est la personne qui se nomme Fanny, Cibber la lui montre. Le soldat lui présente la lettre, mais Cibber la prend aussitôt et l'ouvre. Il apprend par Smith que John est tombé blessé au pouvoir des ennemis, et que sans doute il est mort. Jenny demande à son père quelle est cette lettre, Cibber veut soustraire ce fatal écrit en le remettant à sa jeune fille ; mais Jenny le saisit au même instant. Elle paraît émue, soupire ; il la prie de lui rendre cette lettre, mais elle refuse ; enfin elle lit la mort de John, et tombe dans leurs bras. Cibber paraît attristé à cette nouvelle ; Jenny revient ; on veut la consoler, mais elle n'écoute rien. Elle veut s'é-lancer pour courir vers l'endroit où est son amant ; elle voudrait arriver jusqu'à la chau-mière, et diminuer sa douleur dans les tendres caresses de son fils.

SCENE VI.

Les troupes reviennent ; l'ennemi est chassé à son tour par les Écossais. Un peloton d'An-glais croit trouver une retraite dans la chau-mière : il en montent les degrés ; les Écossais tirent sur eux... Le feu prend à la chaumière.

SCENE VII.

Jenny jette un cri terrible, apercevant son enfant au milieu des flammes. Elle affronte tous les dangers pour sauver son fils ; elle redescend tenant son enfant, et tombe évanouie. Les pay-sans cherchent à éteindre le feu.

Cibber est étonné en apercevant cet enfant ; son chagrin est au comble lorsqu'il apprend par Fanny que Jenny est unie à John par un ma-riage secret, et que cet enfant est le fruit de l'amour ; il tombe dans un abattement profond. Charles court embrasser les genoux de Cibber, et lui montre sa mère expirante... Cibber est presque attendri... il tend déjà une main à l'enfant... Jenny revient à elle , voit ce mouvement de sensibilité, et va se précipiter à ses pieds pour l'en remercier. Cibber la repousse loin de lui ; elle ne peut supporter son courroux ; se rejettant à ses pieds, elle le prie de la punir de son crime. Cibber résiste à ses larmes , et invoque le ciel contre une fille coupable ; alors Jenny , avec le courage de l'amour maternel, sort de son accablement, prend son enfant dans ses bras; elle veut s'éloigner pour jamais. Cibber, que cette résolution révolte davantage, court lui-même à Jenny , lui arrache son enfant en lui faisant entendre qu'elle seule a mérité d'être malheureuse, et que Charles va être pour toujours éloigné d'elle. C'est ici que le délire de Jenny commence à s'apercevoir ; elle ne connaît plus ni son père ni sa sœur ; elle veut, elle ne voit que son enfant. Cibber veut s'éloigner , elle s'attache à lui ; il la repousse , elle le ressaisit : enfin, lorsqu'il touche le seuil de la porte , elle fait un dernier et sublime effort, et lui arrache son enfant d'entre ses bras: alors Cibber la maudit et lui ordonne de fuir pour jamais la maison paternelle La malheureuse Jenny quitte la scène dans le plus grand désespoir.

Fin du deuxième Acte.

ACTE TROISIÈME.

Le théâtre représente une forêt ou campagne agréable.

SCENE PREMIERE.

Les jeunes filles courent après Jack, portant deux paniers remplis de fleurs. Il leur distribue des bouquets. Les villageois prennent le bras de leurs compagnes, tandis que Jack reçoit la main de son épouse. Le bailli donne le signal du départ. Les musiciens ouvrent la marche, les villageois suivent pour aller célébrer la noce des nouveaux mariés.

Changement de décoration.

Le théâtre représente un site sauvage et pittoresque : d'un côté on aperçoit une petite tombe entourée de cyprès, sur laquelle sont gravés ces mots : TOMBEAU D'OPHALA ; MÈRE DE

Jenny ; *dans le fond , la mer , un rocher très-escarpé.*

Des militaires se réunissent et se réjouissent des plaisirs de la paix ; on unit les deux drapeaux. La noce villageoise vient à traverser le site ; on place la mariée sur un banc de gazon; son époux est près d'elle. On commence la danse : les paysans invitent ce couple heureux à les imiter. Betzi et Jack se rendent à leur invitation, et alors la joie devient générale.... Tout-à-coup on entend des cris plaintifs , la danse est interrompue ; on aperçoit une femme qui semble fuir les poursuites de quelqu'un... c'est Jenny !

SCENE II.

La malheureuse Jenny, les cheveux épars et les vêtemens en désordre , entre en fuyant la poursuite de Gibber ; elle porte son enfant sous son bras ; elle croit être suivie, et se cache derrière un arbre. Lorsqu'elle pense ne plus rien entendre , elle s'avance mystérieusement ; après qu'elle a fait quelques pas , elle aperçoit cette noce ; elle fuit derrière un buisson. Betzi et Jack voyant l'effroi de cette femme, se tiennent à l'écart. Enfin, Jenny se croyant seule, quitte sa retraite, pose son fils sur un banc de gazon près du tombeau de sa mère ; elle l'embrasse avec transport, puis un moment après le fuit. Dans tous ses mouvemens, son égarement se manifeste ; en pensant à son époux, la joie brille dans tous ses regards ; un instant après elle va cueillir quelques fleurs : elle en compose un bouquet, et danse comme aux jours de son bonheur ; elle reprend enfin la dernière lettre, pleure et retombe dans sa mélancolie. Charles, voyant son chagrin, veut la consoler ; il cherche, mais en vain, à l'arracher à sa douleur ; il se désespère et se jette au cou de sa mère. Tout le monde plaint la malheureuse Jenny. Lorsqu'elle paraît plongée dans la plus profonde tristesse, Betzi et Jack avancent vers elle. Jenny se relève, les aperçoit et veut fuir. Betzi et Jack lui font signe de n'avoir aucune crainte : Jenny, revenant un peu de sa frayeur, se laisse approcher en voyant une jeune personne qui semble compâtir à ses maux. Betzi lui demande la cause d'un si profond chagrin ; Jenny lui montre la lettre fatale, et son fils qui est la cause innocente de la malédiction de son père ; elle pleure. Betzi et Jack se reprochent de l'avoir troublée dans ses rêveries ; ils veulent s'éloigner, mais elle les retient. Après avoir fixé Betzi, elle compare sa situation présente avec celle de cette heureuse épouse : voilà, semble-t-elle dire, le sort qui m'attendait ;

j'aurais près de moi mon époux, sur mon front une semblable couronne, et sur mon sein ce beau bouquet. Jack, d'un air niais, regarde Jenny, et lorsqu'elle passe de la raison à folie, et qu'elle arrive près de lui, il tremble et veut s'éloigner; mais elle l'arrête et le prie de faire continuer les jeux, disant qu'elle veut y prendre part : elle forme quelques pas; et, après avoir partagé un moment les plaisirs de cette noce, elle retombe dans sa mélancolie. Un instant après, le plaisir semble ranimer ses traits; mais bientôt il se marie à la peine : le rire sur sa bouche se mêle aux larmes qui coulent de ses yeux; elle jette un regard sur son bouquet de fleurs sauvages; elle semble dire qu'elles sont l'emblême de son cœur flétri par la douleur; ah! je dois renoncer à la vie, le bonheur m'a quittée, il n'est plus fait que pour vous. Tous les paysans cherchent à la consoler; mais elle aperçoit la tombe de sa mère, elle y vole, presse la pierre de ses bras et l'arrose de ses larmes. Au même instant, le ciel s'obscurcit et annonce un terrible orage. Les paysans veulent emmener Jenny; mais elle se plaît en ces lieux solitaires, et paraît jouir du bruit du tonnerre qui gronde sur sa tête.

SCENE III.

Tout-à-coup des villageois épouvantés par

l'orage traversent la scène, Betzi entraîne Jenny.

Jack va pour prendre Charles; mais au moment où il veut le saisir, la foudre éclate et tombe à leurs pieds. Jack effrayé prend la fuite; Charles va se réfugier derrière la tombe, et y reste blotti.

SCENE IV.

Fanny et Gibber viennent en ces lieux; ils sont harrassés de fatigue. Fanny pleure la perte de sa sœur; Gibber se reproche sa cruauté; il est accablé de chagrin; Fanny cherche à le consoler, lorsque l'enfant, qui l'avait aperçue, vient et se précipite dans ses bras. Sa surprise est extrême en voyant Charles; elle le comble de caresses, le remet ensuite dans les bras de Gibber; il oublie toute sa colère au milieu des tendres embrassemens de l'enfant. Fanny demande à Charles la retraite de sa mère; celui-ci indique le côté oppposé à celui où elle est partie. Gibber ranime ses forces pour aller trouver sa fille; Fanny le devance pour courir auprès de sa sœur chérie.

SCENE V.

Au moment où Gibber et Fanny quittent la scène, Jenny revient cherchant partout son fils;

elle appelle, mais on ne répond pas à sa voix ; elle ne doute nullement qu'il lui soit enlevé : la raison semble lui être revenue pour lui faire sentir davantage les maux qui l'accablent. Son désespoir est au comble ; elle aperçoit le rocher ; elle prend la résolution de se précipiter dans la mer ; elle monte sur le sommet, et là, suspendue, elle est prête à s'abîmer dans les flots, quand tout-à-coup elle entend une marche militaire : cet air frappe son esprit ; c'est le même qu'elle a entendu au départ de John. A mesure que les sons approchent, ses traits s'animent ; le sourire vient embellir ses lèvres, et son visage brille comme s'il était éclairé d'un nouveau coup de lumière.

SCENE VI.

John paraît sur la montagne, porté en triomphe. Arthur, qu'il a sauvé d'un grand danger, est à ses côtés. Smith est à la tête de la troupe victorieuse.

SCENE VII.

A cet instant, Gibber, Fanny et Charles reparaissent dans la plus grande affliction ; mais en apercevant Jenny suspendue et prête à s'élancer dans les flots, ils jettent un cri ; ils reviennent de cette frayeur subite en voyant Jenny qui paraît écouter... Chartes tend à sa mère ses petites mains caressantes; le vieux Gibber et Fanny courent vers le rocher; John, qui a aperçu une femme échevelée et presque mourante, veut franchir la colline; mais il est devancé par Arthur qui a reconnu Jenny. Plus prompt que l'éclair, il a franchi les montagnes, et se trouve près de Jenny; il la prend dans ses bras, l'enlève et redescend le rocher. John, Smith, Fanny et Gibber sont bientôt auprès de Jenny qui est sans connaissance. Mille sentimens confus assiégent l'âme de John; il questionne tout le monde sur la situation de son épouse; mais chacun garde un profond silence. Il soulève Jenny et cherche à la rappeler à la vie; il est au désespoir, la trouvant dans un état aussi déplorable. Jenny revient peu à peu de son évanouissement; mais elle ne reconnaît personne. Enfin, lorsque son époux la serre dans ses bras et qu'il lui pose la main sur son cœur, elle semble s'animer et renaître à l'amour : les tendres baisers de son époux lui font recouvrer sa raison. Mais quelle est sa surprise, lorsqu'elle voit John à ses côtés! elle ne peut en croire ses yeux; elle se relève, recule effrayée; puis, un instant après, revient, mais avec crainte, vers John, le touche, le presse dans ses bras et s'assure que ce n'est point une illusion. Son bonheur est au comble lorsque son fils court se jeter sur son scin. Cependant la frayeur qu'elle éprouve à l'aspect d'Arthur et de son père, semble la replonger dans son délire ; elle se réfugie dans les bras de John ; cette nouvelle frayeur est bientôt dissipée lorsqu'elle est certaine du pardon de son père qui lui sourit ; elle s'élance dans ses bras, les yeux baignés de larmes. Gibber sanctionne leur hymen ; le seigneur approuve cette union, et invite les villageois à venir célébrer, en son château, l'heureuse issue du mariage de John et de Jenny. Tableau.

EIN.

OUVRAGES DE M. CASIMIR DELAVIGNE.

LE PARIA, tragédie en 5 actes et en vers, avec des chœurs, par M. Casimir Delavigne, *deuxième édition*, représentée sur le Second Théâtre Français, le samedi 2 décembre 1821. Prix : papier fin, 4 fr. ; papier superfin, avec figures, 5 fr. ; papier vélin avec figures, 6 fr. Il en a été tiré quelques exemplaires sur beau papier vélin, dont le prix est double.

LES VÊPRES SICILIENNES, tragédie en 5 actes et en vers, *troisième édition.* Prix : 3 fr.

LES COMÉDIENS, comédie en 5 actes et en vers, 2e. *édition*, Prix : 3 fr.

MESSÉNIENNES ET POÉSIES DIVERSES, par M. Casimir Delavigne, 1 joli volume in-18 grand raisin, orné de quatre vignettes dessinées par Deveria, et gravées par Godefroy. Prix : 5 fr., et 5 fr. 50 c. par la poste. 10 fr. papier vélin, figures avant la lettre et tirées sur papier de Chine.

NOUVELLES MESSÉNIENNES, *cinquième édition.*
Première Méssénienne. Le Jeune Diacre, ou la Grèce Chrétienne.
Deuxième Messénienne. Parthénope et l'Etrangère.
Troisième Messénienne. Aux Ruines de la Grèce Payenne.

Pièces de M. LEMERCIER, de l'Académie Française.

LOUIS IX, tragédie en 5 actes et en vers. Prix : 2 fr. 50 c.

FRÉDÉGONDE ET BRUNEHAUT, tragédie en 5 actes et en vers Prix : 3 fr.

LA DÉMENCE DE CHARLES VI, tragédie en 5 actes et en vers, *deuxième édition.* Prix : 2 fr. 50 c.

AGAMEMNON, tragédie en 5 actes en vers, *quatrième édition*, Prix : 2 fr.

Pièces de M. A. DUVAL, de l'Académie Française.

LA FILLE D'HONNEUR, comédie en 5 actes et en vers. Prix : 3 fr.

LE FAUX BONHOMME, comédie en 5 actes et en vers. Prix : 3fr.

LE JEUNE HOMME EN LOTERIE, comédie en 1 acte et en prose. Prix : 1 fr. 50 c.